Mon album illustré bilingue
Moja dvojezična slikovnica

Les plus beaux contes pour enfants de Sefa en un seul volume

Ulrich Renz • Barbara Brinkmann:

Dors bien, petit loup · Lijepo spavaj, mali vuče

À lire à partir de 2 ans

Cornelia Haas • Ulrich Renz:

Mon plus beau rêve · Moj najljepši san

À lire à partir de 2 ans

Ulrich Renz • Marc Robitzky:

Les cygnes sauvages · Divlji Labudovi

D'après un conte de fées de Hans Christian Andersen

À lire à partir de 5 ans

© 2024 by Sefa Verlag Kirsten Bödeker, Lübeck, Germany. www.sefa-verlag.de

Special thanks to Paul Bödeker, Freiburg, Germany

All rights reserved.

ISBN: 9783756304530

Lis · Écoute · Comprends

Dors bien, petit loup
Lijepo spavaj, mali vuče

Ulrich Renz / Barbara Brinkmann

français — bilingue — croate

Traduction:

Céleste Lottigier (français)

Karmen Fedeli (croate)

Livre audio et vidéo :

www.sefa-bilingual.com/bonus

Accès gratuit avec le mot de passe:

français: **LWFR1527**

croate: **LWHR1727**

Bonne nuit, Tim ! On continuera à chercher demain.
Dors bien maintenant !

Laku noć, Tim! Sutra ćemo tražiti dalje.
A sada lijepo spavaj!

Dehors, il fait déjà nuit.

Vani je već mrak.

Mais que fait Tim là ?

Što to Tim tamo radi?

Il va dehors, à l'aire de jeu.
Qu'est-ce qu'il y cherche ?

Ide van, prema igralištu.
Što li tamo traži?

Le petit loup !

Sans lui, il ne peut pas dormir.

Malog vuka!

Bez njega ne može spavati.

Mais qui arrive là ?

Tko li to sad dolazi?

Marie ! Elle cherche son ballon.

Marija! Ona traži svoju loptu.

Et Tobi, qu'est-ce qu'il cherche ?

A što Tobi traži?

Sa pelleteuse.

Svog bagera.

Et Nala, qu'est-ce qu'elle cherche ?

A što Nala traži?

Sa poupée.

Svoju lutku.

Les enfants ne doivent-ils pas aller au lit ?
Le chat est très surpris.

Zar ne moraju djeca ići u krevet?
Čudi se jako mačka.

Qui vient donc là ?

Tko to sad dolazi?

Le papa et la maman de Tim !
Sans leur Tim, ils ne peuvent pas dormir.

Mama i tata od Tima!
Bez svog Tima ne mogu spavati.

Et en voilà encore d'autres qui arrivent !
Le papa de Marie. Le papi de Tobi. Et la maman de Nala.

I dolaze još više ljudi! Tata od Marije.
Tobijev djed. I Nalina mama.

Vite au lit maintenant !

A sad brzo u krevet!

Bonne nuit, Tim !
Demain nous n'aurons plus besoin de chercher.

Laku noć, Tim!
Sutra više ne moramo tražiti.

Dors bien, petit loup !

Lijepo spavaj, mali vuče!

Cornelia Haas • Ulrich Renz

Mon plus beau rêve

Moj najljepši san

Traduction:

Martin Andler (français)

Karmen Fedeli (croate)

Livre audio et vidéo :

www.sefa-bilingual.com/bonus

Accès gratuit avec le mot de passe:

français: **BDFR1527**

croate: **BDHR1727**

Mon plus beau rêve
Moj najljepši san

Cornelia Haas · Ulrich Renz

français — bilingue — croate

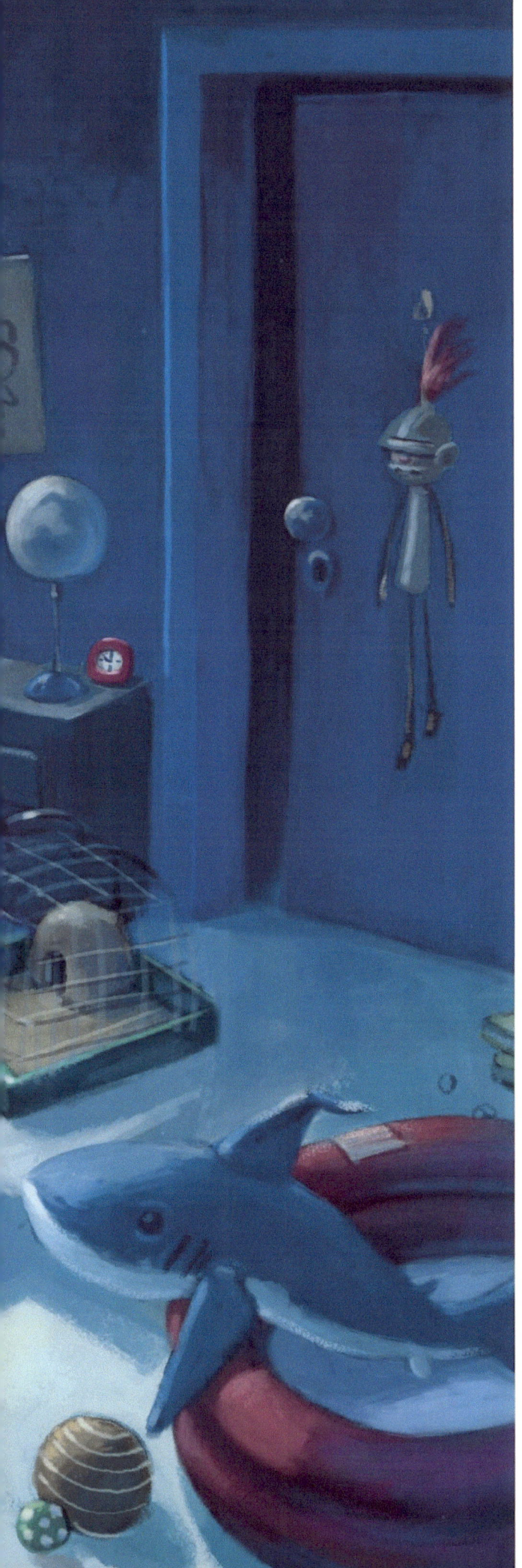

Lulu n'arrive pas à s'endormir. Tous les autres rêvent déjà – le requin, l'éléphant, la petite souris, le dragon, le kangourou, le chevalier, le singe, le pilote. Et le bébé lion. Même Nounours a du mal à garder ses yeux ouverts.

Eh Nounours, tu m'emmènes dans ton rêve ?

Lulu ne može da zaspi. Svi ostali već sanjaju—morski pas, slon, mali miš, zmaj, klokan, vitez, majmun, pilot. I lavić. Čak i medvjedu se gotovo zatvaraju oči...

Čuj Medo, jel me uzmeš sa sobom u tvoj san?

Tout de suite, voilà Lulu dans le pays des rêves des ours. Nounours attrape des poissons dans le lac Tagayumi. Et Lulu se demande qui peut bien vivre là-haut dans les arbres ?

Quand le rêve est fini, Lulu veut encore une aventure. Viens avec moi, allons voir le requin ! De quoi peut-il bien rêver ?

I već se Lulu nađe u medvjeđoj zemlji snova. Medvjed hvata ribe u Tagayumi jezeru. A Lulu se pita, tko li to tamo gore u stablu stanuje? Kada je san završen, Lulu želi doživjeti još više. Dođi, posjetimo morskog psa! O čemu li on sanja?

Le requin joue à chat avec les poissons. Enfin, il a des amis ! Personne n'a peur de ses dents pointues.

Quand le rêve est fini, Lulu veut encore une aventure. Venez avec moi, allons voir l'éléphant ! De quoi peut-il bien rêver ?

Morski pas se igra lovice sa ribama. Konačno ima prijatelje! Nitko se ne boji njegovih oštrih zuba.

Kada je san završen, Lulu želi doživjeti još više. Dođite, posjetimo slona! O čemu li on sanja?

L'éléphant est léger comme une plume et il peut voler ! Dans un instant il va se poser dans la prairie céleste.

Quand le rêve est fini, Lulu veut encore une aventure. Venez avec moi, allons voir la petite souris. De quoi peut-elle bien rêver ?

Slon je lak kao jedno pero i može da leti! Uskoro će sletjeti na nebesku livadu.

Kada je san završen, Lulu želi doživjeti još više. Dođite, posjetimo malog miša! O čemu li on sanja?

La petite souris visite la fête foraine. Ce qui lui plaît le plus, ce sont les montagnes russes.

Quand le rêve est fini, Lulu veut encore une aventure. Venez avec moi, allons voir le dragon. De quoi peut-il bien rêver ?

Mali miš gleda zabavni park. Najviše mu se sviđa vijugava željeznica.
Kada je san završen, Lulu želi doživjeti još više. Dođite, posjetimo zmaja! O čemu li on sanja?

Le dragon a soif à force de cracher le feu. Il voudrait boire tout le lac de limonade !

Quand le rêve est fini, Lulu veut encore une aventure. Venez avec moi, allons voir le kangourou. De quoi peut-il bien rêver ?

Zmaj je žedan od pljuvanja vatre. Najradije bi popio cijelo jezero limunade.
Kada je san završen, Lulu želi doživjeti još više. Dođite, posjetimo klokana.
O čemu li on sanja?

Le kangourou sautille dans la fabrique de bonbons et remplit sa poche. Encore plus de ces bonbons bleus ! Et plus de sucettes ! Et du chocolat ! Quand le rêve est fini, Lulu veut encore une aventure. Venez avec moi, allons voir le chevalier ! De quoi peut-il bien rêver ?

Klokan skače kroz tvornicu slatkiša i puni si tobolac. Još više plavih bombona! I više lizalica! I čokolade!

Kada je san završen, Lulu želi doživjeti još više. Dođite, posjetimo viteza. O čemu li on sanja?

Le chevalier a une bataille de gâteaux avec la princesse de ses rêves. Ouh-la-la, le gâteau à la crème a raté son but !

Quand le rêve est fini, Lulu veut encore une aventure. Venez avec moi, allons voir le singe ! De quoi peut-il bien rêver ?

Vitez vodi bitku tortama sa svojom princezom iz snova. Oh! Krem torta je promašila metu!
Kada je san završen, Lulu želi doživjeti još više. Dođite, posjetimo majmuna. O čemu li on sanja?

Il a enfin neigé au pays des singes. Toute leur bande est en folie, et fait des bêtises.

Quand le rêve est fini, Lulu veut encore une aventure. Venez avec moi, allons voir le pilote ! Sur quel rêve a-t-il pu se poser ?

Konačno da i jednom padne snijeg u zemlji majmuna! Cijelo majmunsko društvo se raduje i majmuniše naokolo.
Kada je san završen, Lulu želi doživjeti još više. Dođite, posjetimo pilota, u čijem li snu je on sletio?

Le pilote vole et vole. Jusqu'au bout du monde, et encore au delà, jusqu'aux étoiles. Jamais aucun pilote ne l'avait fait.
Quand le rêve est fini, ils sont déjà tous très fatigués, et n'ont plus trop envie d'aventures. Mais quand même, ils veulent encore voir le bébé lion.
De quoi peut-il bien rêver ?

Pilot leti i leti. Do kraja svijeta, pa čak i dalje do zvijezda. Niti jedan drugi pilot nije to uspio.

Kada je san završen, svi su već jako umorni i ne žele više tako puno doživjeti. Ali lavića žele još posjetiti. O čemu li on sanja?

Le bébé lion a le mal du pays, et voudrait retourner dans son lit bien chaud et douillet.
Et les autres aussi.

Et voilà que commence …

Lavić ima čežnju za domom i želi se vratiti u topli i udoban krevet.

I ostali isto tako.

I tamo počinje ...

... le plus beau rêve
de Lulu.

... Lulin
najljepši san.

Ulrich Renz • Marc Robitzky

Les cygnes sauvages

Divlji Labudovi

Traduction:

Martin Andler (français)

Karmen Fedeli (croate)

Livre audio et vidéo :

www.sefa-bilingual.com/bonus

Accès gratuit avec le mot de passe:

français: WSFR1527

croate: WSHR1727

Ulrich Renz · Marc Robitzky

Les cygnes sauvages

Divlji Labudovi

D'après un conte de fées de

Hans Christian Andersen

français — bilingue — croate

Il était une fois douze enfants royaux — onze frères et une sœur ainée, Elisa. Ils vivaient heureux dans un magnifique château.

Jednom davno, živjelo je dvanaest kraljevske djece– jedanaest braće i jedna starija sestra, Elisa. Živjeli su sretno u prekrasnom dvorcu.

Un jour, la mère mourut, et après un certain temps, le roi se remaria. Mais la nouvelle épouse était une méchante sorcière. Elle changea les onze princes en cygnes et les envoya dans un pays éloigné, au delà de la grande forêt.

Jednog dana umrla je majka, a nešto kasnije se ponovno oženio. Međutim, nova žena bila je zla vještica. Sa čarolijom pretvorila je tih jedanaestero prinčeva u labudove i poslala ih je u jednu daleku zemlju izvan velike šume.

Elle habilla la fille de haillons et enduisit son visage d'une pommade répugnante, si bien que son propre père ne la reconnut pas et la chassa du château. Elisa courut vers la sombre forêt.

Djevojku je oblačila u krpe i mazala joj lice sa ružnom masti, tako da ju čak i njezin otac nije više prepoznao i otjerao je iz dvorca. Elisa je pobjegla u mračnu šumu.

Elle était alors toute seule et ses frères lui manquaient terriblement au plus profond de son âme. Quand le soir vint, elle se confectionna un lit de mousse sous les arbres.

Sada je bila sasvim sama i čeznula je za svojom nestalom braćom iz dubine svoje duše. Uvečer napravila si je krevet od mahovine ispod drveća.

Le lendemain matin, elle arriva à un lac tranquille et fut choquée de voir son reflet dans l'eau. Une fois lavée, cependant, elle redevint le plus bel enfant royal sous le soleil.

Sljedećeg jutra stigla je na jedno mirno jezero i uplašila se kad je vidjela svoj odraz u vodi. No, nakon što se oprala, bila je najljepše kraljevsko dijete pod suncem.

Après de nombreux jours, elle arriva à la grande mer. Sur les vagues dansaient onze plumes de cygnes.

Nakon mnogo dana, Elisa je stigla do velikog mora. Na valovima ljuljalo se jedanaest labudovih pera.

Au coucher du soleil, il y eut un bruissement dans l'air, et onze cygnes sauvages se posèrent sur l'eau. Elisa reconnut tout de suite ses frères ensorcelés. Mais comme ils parlaient la langue des cygnes, elle ne pouvait pas les comprendre.

Dok je sunce zalazilo, šum je bio u zraku i jedanaest divljih labudova sletjelo je na vodu. Elisa je odmah prepoznala svoju začaranu braću. Ali pošto su govorili labuđi jezik, nije ih mogla razumjeti.

Chaque jour, les cygnes s'envolaient au loin, et la nuit, les frères et sœurs se blottissaient les uns contre les autres dans une grotte.

Une nuit, Elisa fit un rêve étrange : sa mère lui disait comment racheter ses frères. Elle devrait tricoter une chemise d'orties à chacun des cygnes et les leur jeter dessus. Mais avant d'en être là, il ne fallait pas qu'elle prononce un seul mot : sinon ses frères allaient mourir.
Elisa se mit au travail immédiatement. Et bien que ses mains lui brûlaient comme du feu, elle tricotait et tricotait inlassablement.

Danju labudovi su odlijetali, a noću sestra i braća su spavali priljubljeni jedan uz drugog u jednoj špilji.

Jedne noći, Elisa je sanjala čudan san: Majka joj je rekla kako bi mogla osloboditi svoju braću. Od koprive neka isplete za svakog labuda jednu košuljicu koju će im nabaciti. Ali do tada nije smjela govoriti niti riječ jer bi inače njena braća morala umrijeti.
Elisa je odmah počela raditi. Iako su joj ruke gorile poput vatre, neumorno je plela dalje.

Un jour, des cornes de chasse se firent entendre au loin. Un prince, accompagné de son entourage, arriva à cheval et s'arrêta devant elle. Quand leurs regards se croisèrent, ils tombèrent amoureux.

Jednog dana oglasili su se lovački rogovi u daljini. Jedan princ je dojahao na konju sa svojom pratnjom i već uskoro je stao pred njom. Kad su jedno drugome pogledali u oči, zaljubili su se.

Le prince prit Elisa sur son cheval et l'emmena dans son château.

Princ je podignuo Elisu na svog konja i odveo je u svoj dvorac.

Le très puissant trésorier fut loin d'être content de l'arrivée de cette beauté muette : c'était sa fille à lui qui devait devenir la femme du prince !

Moćni čuvar kraljevskog blaga bio je sve samo ne zadovoljan sa dolaskom nijeme ljepotice. Njegova vlastita kći trebala je biti prinčeva nevjesta.

Elisa n'avait pas oublié ses frères. Chaque soir, elle poursuivait son travail sur les chemises. Une nuit, elle alla au cimetière pour cueillir des orties fraiches. Le trésorier l'observa en cachette.

Elisa nije zaboravila svoju braću. Svake večeri nastavila je plesti košulje. Jedne noći otišla je na groblje da ubere svježe koprive. Čuvar blaga ju je tajno promatrao.

Dès que le prince partit à la chasse, le trésorier fit enfermer Elisa dans le donjon. Il prétendait qu'elle était une sorcière qui se réunissait avec d'autres sorcières la nuit.

Čim je princ otišao u lov, čuvar blaga je dao baciti Elisu u tamnicu. Tvrdio je da je ona vještica koja se noću sastaje s drugim vješticama.

Au petit matin Elisa fut emmenée par les gardes. Elle devait être brûlée sur la place du marché.

U zoru, stražari su odveli Elisu. Trebala je biti spaljena na trgu.

A peine y fut-elle arrivée qu'onze cygnes arrivèrent en volant. Elisa, très vite, jeta une chemise d'orties sur chacun d'eux. Bientôt, tous ses frères étaient devant elle en forme humaine. Seul le plus petit, dont la chemise n'était pas terminée, avait encore une aile à la place d'un bras.

Čim je stigla tamo, iznenada doletjelo je jedanaest labudova. Elisa je brzo nabacila svakom labudu košuljicu od koprive. Ubrzo nakon toga, sva njena braća stajala su pred njom u ljudskom obliku. Samo najmanji, čija košulja nije sasvim bila završena, zadržao je jedno krilo umjesto ruke.

Les frères et la sœur étaient encore en train de s'étreindre et de s'embrasser quand le prince revint. Elisa put enfin tout lui expliquer. Le prince fit jeter le méchant trésorier dans le donjon. Après quoi, le mariage fut célébré pendant sept jours.

Et ils vécurent heureux et eurent beaucoup d'enfants.

Grljenje i ljubljenje braće i sestre nije imalo kraja kada se princ vratio. Napokon mu je Elisa mogla sve objasniti. Princ je zlog čuvara blaga dao baciti u tamnicu. A nakon toga, svadba se je slavila sedam dana.

I svi su živjeli sretno do kraja života.

Hans Christian Andersen

Hans Christian Andersen est né en 1805 dans la ville danoise d'Odense et est mort en 1875 à Copenhague. Avec ses contes de fées tels que « La Petite Sirène », « Les Habits neufs de l'empereur » ou « Le Vilain Petit Canard », il s'est fait connaitre dans le monde entier. Ce conte-ci, « Les cygnes sauvages », a été publié en 1838. Il a été traduit en plus d'une centaine de langues et adapté pour une large gamme de médias, y compris le théâtre, le cinéma et la comédie musicale.

Barbara Brinkmann est née à Munich en 1969 et a grandi dans les contreforts bavarois des Alpes. Elle a étudié l'architecture à Munich et est actuellement associée de recherche à la Faculté d'architecture de l'Université technique de Munich. En outre, elle travaille en tant que graphiste, illustratrice et écrivaine indépendante.

Cornelia Haas est née en 1972 à Ichenhausen près d'Augsbourg. Après une formation en apprentissage de fabricant d'enseignes et de publicités lumineuses, elle a fait des études de design à l'université de sciences appliquées de Münster où elle a obtenu son diplôme. Depuis 2001, elle illustre des livres pour enfants et adolescents, depuis 2013, elle enseigne la peinture acrylique et numérique à la à l'université de sciences appliquées de Münster.

Marc Robitzky, né en 1973, a fait ses études à l'école technique d'art à Hambourg et à l'académie des arts visuels à Francfort. Il travaille comme illlustrateur indépendant et graphiste à Aschaffenburg (Allemagne).

Ulrich Renz est né en 1960 à Stuttgart (Allemagne). Après des études de littérature française à Paris, il fait ses études de médecine à Lübeck, puis dirige une maison d'édition scientifique et médicale. Aujourd'hui, Renz écrit des essais et des livres pour enfants et adolescents.

Tu aimes dessiner ?

Voici les images de l'histoire à colorier :

www.sefa-bilingual.com/coloring